JACOB BURCKHARDT-GESPRÄCHE
AUF CASTELEN

31

Ulrich Raulff

Die alte Welt der Pferde

SCHWABE VERLAG BASEL

Die Jacob Burckhardt-Gespräche auf Castelen
wurden im Rahmen der Römer-Stiftung Dr. René Clavel
begründet von Dr. iur. Dr. phil. h.c. Jacob Frey-Clavel.

Direktorium:
Prof. Dr. Gottfried Boehm · Prof. Dr. Andreas Cesana
Prof. Dr. Kurt Seelmann

MIX
Aus verantwortungs-
vollen Quellen
FSC
www.fsc.org   FSC® C068066

Copyright © 2016 Direktorium der Jacob Burckhardt-Gespräche
auf Castelen, Universität Basel, und Schwabe AG, Verlag, Basel,
Schweiz
Gesamtherstellung: Schwabe AG, Muttenz/Basel
ISBN 978-3-7965-3515-4

rights@schwabe.ch
www.schwabeverlag.ch

Vor den Toren von Basel mag eine Verneigung vor den Lokalgöttern erlaubt sein. Die Leser Nietzsches kennen den berühmten letzten Brief an Jacob Burckhardt vom 5. Januar 1889. Der Brief setzt gleichsam im Fortissimo ein – mit einem Selbstlob des Verfassers, der darauf verzichtet habe, Basler Professor zu sein, um sich damit zu begnügen, Gott zu sein und die Welt zu erschaffen. Nur wenige Zeilen weiter fällt derselbe Brief in ein warmes Adagio, in dem der Philosoph sein heiteres, bescheidenes Leben in Turin beschreibt und fortfährt, er «danke dem Himmel jeden Augenblick für die *alte* Welt, für die die Menschen nicht einfach und still genug gewesen sind».[1] Spricht einer in solchen Worten von der Antike und bezeichnet sie als *alte Welt*, so wundert sich der Hörer wenig, spricht er dagegen von der eigenen, jüngst vergangenen Zeit, so erstaunt der zärtliche Ton der Rede. Nicht anders ist es hier der Fall, in diesem eindrucksvollen Zeugnis aus der Zeit von Nietzsches Zusammenbruch. Da wir wissen, dass es die letzten Worte eines Fallenden, schon im Sturz Begriffenen sind, ist unser Ohr geschärft für den elegischen Abschiedston, den wir darin vernehmen.

Irgendwann in diesen kurzen Januartagen wird der Briefschreiber die Feder beiseite legen, den Rock anziehen und auf die Straße treten. Gegenüber von seinem Haus, auf der Piazza Carlo Alberto wird er (nach einer schwachen, aber deswegen nicht unglaubwürdigen Überlieferung)[2] jene Geste vollziehen, die gleichsam den Schlusspunkt unter sein bewusstes Leben in der Öffentlichkeit setzt. Über Nietzsches Zusammenbruch am Hals eines gequälten Droschkengauls ist viel geschrieben und gedichtet worden. Was immer diese Geste – gesetzt, sie

---

1   F. Nietzsche, Sämtliche Briefe, KSA Bd. 8, Berlin 1986, S. 577 f.
2   Vgl. A. Verrecchia, Zarathustras Ende. Die Katastrophe Nietzsches in Turin, Wien 1986.

habe stattgefunden – zu bedeuten hatte und was sich möglicherweise in ihr verrät – eins ist gewiss: In dem Augenblick, in dem Nietzsche das Pferd umarmt, beschwört er nicht länger brieflich das Bild der alten Welt, sondern berührt physisch einen Teil von ihr, und nicht den unbedeutendsten. So wenig freilich der Mann im Sturz ahnt, dass ihm nur Stunden, höchstens Tage freier geistiger Existenz bleiben, so wenig 'weiß' die alte Welt, die sich im Pferd verkörpert, dass sie dem Untergang geweiht ist und bald darauf sich ebenfalls im freien Fall befinden wird.

Die beiden Jahrzehnte, die das Fin de siècle flankieren, das letzte des 19. und das erste des 20. Jahrhunderts, sind die kurze Spanne Zeit, in der das Pferd vom Agenten der Modernisierung zu deren Opfer werden wird. Nie ist die Zahl der Pferde in den Großstädten der westlichen Welt – Berlin, Paris, London, New York – höher gewesen als in den Schwellenjahren um 1900. Unmittelbar danach wird ein steiler Abstieg einsetzen, dessen Tendenz nur die Weltkriege des 20. Jahrhunderts für jeweils ein Jahrfünft unterbrechen und umkehren werden. Seit der Mitte des 18. und durch das gesamte 19. Jahrhundert hindurch hat das Pferd die kinetische Energie geliefert, deren die Modernisierung der Produktion, vor allem aber die Distribution der Güter und der Transport der Arbeitskraft bedurften. Die Teilrevolutionen des Transportwesens, zunächst durch die Eisenbahn, dann durch die Elektrifizierung des städtischen Personentransports, der Einsatz von Dampfmaschinen in der Landwirtschaft und der Flussschifffahrt, all diese technischen Agenten konnten das Pferd nicht von Platz eins unter den großen Lieferanten von Bewegungsenergie vertreiben. Im Gegenteil, bis 1900 ließ die erste große Phase der Mechanisierung den Bedarf an animalischer Traktionskraft – und damit den Bedarf an Pferden – immer weiter steigen.

Die geläufige Ansicht von der industriellen Revolution und der Mechanisierung der Lebenswelt seit dem 18. Jahrhundert ist geprägt vom Bild der Maschine und ihrer technischen Infrastrukturen wie dem Schienennetz. Tatsächlich stellte die Eisenbahn ein sehr potentes, aber auch sehr grobmaschiges technisches Netz dar. Um die Tiefe des Landes zu erschließen, war es auf die bewegliche Masse der Pferdekarren und -kutschen angewiesen. Mit dem Ausbau des Eisenbahnnetzes ging auch die Erweiterung des Pferdetransportnetzes einher: Je mehr Züge fuhren, umso mehr Pferde mussten laufen. Nicht anders verhielt es sich in den Anfängen der Mechanisierung des Landbaus: Die ersten Mähdrescher, die um die Mitte des 19. Jahrhunderts in Nordamerika zum Einsatz kamen, wurden von bis zu 40 Pferden gezogen. Als lebendiger Motor, spöttisch «Hafermotor» genannt, war das Pferd ein unverzichtbarer Agent der Modernisierung: der animalische Beweger einer sich mechanisierenden Welt.

Am diesseitigen Ende des «Pferdezeitalters», wie Reinhart Koselleck es genannt hat,[3] hat das Tier noch einmal einen großen Auftritt gehabt. Glänzend wird man ihn freilich nicht nennen. Zahlenmäßig betrachtet hat das 19. Jahrhundert mehr Pferde gebraucht als jede frühere Epoche, aber es hat sie auch verbraucht, verbrannt, geschunden. Das geschlagene, das sinnlos gequälte Pferd ist gleichsam zum Emblemtier des Säkulums geworden. Aber die spektakulären Akte der Gewalt, die sich an der Kreatur entladen und den Passanten wie Nietzsche zum unfreiwilligen, beschämten oder empörten Zeugen machen, verdecken das Maß an struktureller Gewalt, die das namenlose Heer der Zugpferde in Stadt und Land zu erdulden

---

3   R. Koselleck, «Der Aufbruch in die Moderne oder das Ende des Pferdezeitalters», Dankesrede anlässlich der Verleihung des Historikerpreises der Stadt Münster, Münster 2003.

hatte. In der Stadt besonders: Das Tier, das im Alter von fünf Jahren vor den Pferdeomnibus oder die Tram gespannt wurde, erwartete ein Arbeitsleben von vier bis fünf Jahren. Danach war es lahm und ein Fall für den Abdecker, sofern ihm nicht das Glück zuteil wurde, noch für ein paar Jahre zurück aufs Land zu kommen, wo es leichtere Arbeit verrichten durfte.

Als schwächerer Partner einer Mensch-Tier-Dyade lebte das Pferd mit dem menschlichen Stadtbewohner in einer heute kaum noch vorstellbar dichten Symbiose. Sie drückte sich auch in Zahlen aus. In dem vergleichsweise kleinen Manhattan lebten und arbeiteten gegen Ende des 19. Jahrhunderts 130000 Pferde. Das bedeutete täglich 1100 Tonnen Mist, 270000 Liter Urin und im Schnitt 20 Pferdekadaver, die umgehend abtransportiert werden mussten. In London, wo 300000 Pferde lebten, wurden jährlich 26000 von ihnen durch die Abdeckerei zu Katzenfutter und Dünger verarbeitet. In den Städten europäischer Länder, in denen Pferdefleisch gegessen wurde, sah man häufig Gruppen von Pferden, manche von ihnen auf drei Beinen hinkend, auf dem Weg zum Schlachthaus. In Frankreich pflegten die Besitzer ihre zum Schlachten vorgesehenen Pferde zu scheren, um sich das Rosshaar zu sichern. In Paris wuchs seit der Mitte des Jahrhunderts die Empörung der Bevölkerung über den trostlosen Anblick der kahl geschorenen Pferde auf ihrem letzten Weg. Tatsächlich lässt sich am Pferd auch eine ganze Geschichte der sich wandelnden Sensibilität im 19. Jahrhundert ablesen.[4]

Aber dieser schwächere Partner prägte das Bild der europäischen und amerikanischen Stadt bis hinein in ihre bauliche Gestalt und ihre urbanen Strukturen. Hatte die Palast- und Villenarchitektur dem Reit- und Fahrkomfort der Herrschaft

---

4 Vgl. U. Raulff, Ansichten des Unerträglichen. Drei Figuren des Mitleids, in: Neue Zürcher Zeitung vom 11. 1. 2014, S. 63.

mit weit schwingenden Auffahrten und bequem zu ersteigenden Pferdetreppen Rechnung getragen, so überzog sich die Stadt des 19. Jahrhunderts mit einem Netz von Pferdeställen, die im Fall der städtischen Verkehrsbetriebe bis zu vier Stockwerken hoch sein konnten. Während die Abdeckerei an den Rand der Stadt verbannt war, fand der Pferdemarkt in ihrem Zentrum statt. Parks luden zum Ausritt ein; eigens geschaffene Brunnen versorgten den vierbeinigen Stadtbewohner mit Wasser. Auch das Umland der Städte wurde durch die massive Pferdehaltung der Metropolen geprägt. Die drei Millionen Pferde, die im Jahr 1900 die Städte der Vereinigten Staaten bevölkerten, verzehrten an die 8 Millionen Tonnen Heu und fast 9 Millionen Tonnen Hafer jährlich. Solche Futtermengen wollten produziert werden. Im Umkreis Dutzender Kilometer stellten sich Landwirtschaft und Handwerk auf die Versorgung der zweiten Stadtbevölkerung um: Die Stadt des 19. Jahrhunderts war noch nicht von einem *rust belt*, sie war von einem *oat belt* umgeben. Zu den stärksten Kunden der Pferdemärkte in Stadt und Land gehörten neben den Agenten der städtischen Verkehrsbetriebe die Einkäufer der Armeen. Pausenlos waren sie auf der Jagd nach Remonten für die Kavallerie, die Artillerie und den Train. Zwar währte die letzte, glänzende Phase der Kavallerie auf dem Schlachtfeld, die mit Napoleon und seinen verwegenen Reiterführern wie Joachim Murat begonnen hatte, nur bis zur Mitte des Jahrhunderts. Im amerikanischen Bürgerkrieg (1861–65) wurde sichtbar, dass die Entwicklung der modernen Infanteriewaffen dabei war, die alte Asymmetrie zwischen dem Berittenen und dem Fußsoldaten einzuebnen. Die hohe Zeit der Kavallerie als schlachtentscheidende Offensivwaffe neigte sich dem Ende zu. Der Bedarf der Armeen an Pferden wurde deswegen nicht geringer. Die zunehmende Bedeutung der Artillerie, die Vergrößerung der Heere und ihr logistischer Bedarf äußerten sich in einem sprunghaften Anstieg an Zugkraft. Pferde und Maultiere lieferten sie auch dort, wo keine Eisenbahn zur Verfügung stand oder das Gelände unwegsam wurde. Die Pferde hörten auf, auf dem Schlachtfeld zu fallen, um künftig auf den Verbindungslinien zu sterben.

Man übertreibt also nicht, wenn man zusammenfassend sagt, das 19. Jahrhundert sei das Jahrhundert des Pferdes gewesen. Müsste man nicht ihm, als dem eigentlichen Protagonisten, eine eigene Geschichte widmen? Allerdings wäre es bis zum gegenwärtigen Punkt der Betrachtung nur eine Geschichte von Massen und von Verbrauch, eine statistische, eine anonyme Geschichte. Das 19. Jahrhundert kennt aber auch die gegenläufige Tendenz zur Heraushebung aus der Masse, zur Heroisierung im Sinne von Singularisierung. Diese Tendenz lässt sich nirgends besser als in der agonalen Arena par excellence, der Rennbahn, beobachten. Schon das 18. Jahrhundert hat berühmte englische Renner wie *Eclipse* hervorgebracht, die in ihrem zweiten, geruhsameren Leben zu Stammvätern berühmter Blutlinien wurden. Das «geniale Rennpferd», über das sich Ulrich, der Mann ohne Eigenschaften, eines Tages mokieren wird, ist keine Erfindung des 20. Jahrhunderts. Aber die Singularisierung durch den sportlichen Erfolg, die Renn- und Zuchtprominenz einzelner berühmter Pferde, ist nur der eine Aspekt der Sache. Ein anderer äußert sich in der bildästhetischen Lieblingsformel der politischen Macht, dem Reiterdenkmal. Im 19. Jahrhundert überflutet es förmlich die öffentlichen Plätze der Stadt und ist der prominenteste Ausdruck der 'Statuomanie' dieses Jahrhunderts. Als konstitutiver Teil des Reiterdenkmals ist das Pferd Teil einer Prozedur einer Vereinzelung und der Einschreibung Einzelner ins Gedächtnis der Massen.

Man könnte von einer Technik sprechen, in dem Sinn, in dem Ernst Cassirer von einer Technik des Mythos gesprochen hat. Gerade auch insofern, als die trinomische Formel «Mann auf Pferd auf Sockel» keine Erfindung der nachnapoleonischen Zeit gewesen ist, sondern aus der Antike stammt. Schon die Stadt der römischen Kaiserzeit war mit einer erstaunlichen Fülle an Reiterstandbildern geschmückt, die eins ums andere belegten, dass diese Bildformel als Ausdruck politischer Herrschaft kanonisch geworden war. Allerdings ist von der antiken Großskulptur nicht viel mehr als der reitende Kaiser Marc Aurel auf uns gekommen und auch dies nur, weil die Franzosen, die im Jahr 1792 die Reiterstatuen in Paris und der Provinz gestürzt hatten, es fünf Jahre später in Rom gelassen verschmähten, den antiken Stoiker vom Pferd zu reißen. Die Renaissance hat die antike Formel wiederbelebt, und in der Zeit des Barock haben Bernini und Schlüter sie zu neuen Höhen geführt, auch gelernt, die statisch schwierige Position des Pferdes in der Levade, die bis dahin ein Privileg der Malerei war, zu meistern. Aber erst Napoleon hat wie die militärische Reiterei auch die künstlerische Kavallerie zu ungeahnten Höhen und zu einer ihn selbst überdauernden Spätblüte getrieben.

Erstaunlich war freilich, dass Napoleon es konsequent ablehnte, sein equestrisches Standbild auf den Plätzen von Paris oder anderen Städten errichten zu lassen. Ein Grund dafür mochten die Bilderstürme der Revolutionäre sein, deren Zeitgenosse er geworden war. Sie hatten nicht in Paris begonnen, sondern in New York, wo am 9. Juli 1776 die Bürger das Bildnis Georgs III. mitsamt dem Pferd umstürzten, nachdem man ihnen die Unabhängigkeitserklärung verlesen hatte. Im August 1792 fielen in Paris innerhalb weniger Tage zuerst vier reitende Bourbonenkönige und dann das Reiterbildnis Heinrichs IV.; die Städte der Provinz taten es der Kapitale gleich. War dies ein Grund dafür, dass Napoleon die plastische Formel scheute, so brauchte es einen anderen dafür, dass er die Malerei schätzte. Man findet ihn in der berühmten Ikone, die

David schuf, *Napoleon bei der Überquerung des Großen St. Bernhard* (1800). Den Degen, den David ihm in die Hand drücken wollte, lehnte Napoleon mit den Worten ab, Schlachten gewinne man nicht mehr mit dem Schwert. In seiner ungeheuren Bewegungsdynamik von Reiter, Tier, Gewand und Haar wurde Davids Gemälde zum treffenden Ausdruck des neuen Stils von Krieg und Herrschaft: Macht verband sich jetzt mit Tempo. Wer siegen wollte, musste vor allem eines sein: schnell.

So 'modernisiert' Napoleon mit der Hilfe der hervorragendsten Maler und Porträtisten seiner Zeit die antike Königs- und Herrscherformel – Mann auf Pferd – und verändert ihre Semantik. Zu den Fürstentugenden wird künftig auch die Kontrolle über die Geschwindigkeit gehören. Doch indem er die Formel aktualisiert und neu interpretiert, erfüllt er sie mit neuem Leben. Er tritt in das antike Alexander- und Cäsarenschema und transportiert es in die Gegenwart; der größte Modernisierer seiner Zeit ist zugleich, nach Nietzsches Worten, der letzte antike Mensch. Napoleon – der letzte Mensch *der alten Welt*?

Dies jedenfalls ist der Kern von Napoleons Bildpolitik, die ihn – neben allen anderen Momenten des Sturms, den er politisch und militärisch über Europa gebracht hat – tief ins Bildgedächtnis seiner Zeit und Nachwelt eingeprägt hat. So dass seine eigene Verweigerung der plastischen Vergegenwärtigung im Reiterdenkmal nicht verhindern konnte, dass er als Reiterheros ins Bildergedächtnis der Geschichte eingegangen ist. Nach Napoleon ist jeder Mann auf einem Marmor- oder Bronzepferd nur ein Schatten des Korsen.

Die Königsformel oder besser: die Königs*bild*formel des Absolutismus, so hat ein französischer Historiker geschrieben, lautete «Le roi n'est pas roi sans son cheval».[5] Das 19. Jahrhundert fügte den Königen seine «großen Männer», seine «welthistorischen Individuen», seinen «Weltgeist» und wie die Traumgestalten der Geschichtsphilosophie heißen mochten, hinzu – aber auch diese sollten zu Pferde sitzen. Den Bildtyp selbst hatte das Jahrhundert, das mit Napoleon begann, nicht erfunden; es hatte ihn nur ubiquitär und unbezwinglich gemacht. Es hatte eine Massentechnik entwickelt, um einen Singular zu bilden – ein Vorläufer des modernen, mit filmischen Mitteln erzeugten Starkults. Die uniformierten Napoleoniden auf den Sockeln der Stadt des 19. Jahrhunderts waren Vorläufer der Garbo. Der typische städtische Platz des 19. Jahrhunderts trug in seiner Mitte eine Reiterstatue, neben deren Sockel Droschken warteten, Kutscher dösten und Pferde leise mit den Hufen klapperten: die träge Masse und über ihr der bronzene Singular. Genauso war auch die Piazza Carlo Alberto möbliert, die Friedrich Nietzsche, aus seinem Hause tretend, überquerte. Die neue und die alte Welt, untrennbar ineinander verwoben.

Sicherlich hatte Nietzsche Recht, wenn er schrieb, die Menschen seien nicht einfach und still genug gewesen für die alte Welt. In seiner Zeit hatte er viele gesehen, die einer neuen Welt zustrebten, von der sie doch oft nicht wussten, wie sie aussehen sollte. Unter denen, die dergestalt ins Unbekannte aufbrachen, waren auch Frauen gewesen, verheiratete Frauen, die sich von einer ihnen fremden, sie selbst erschreckenden Energie über den Rahmen ihrer Ehe hinaustragen ließen. Diese Frauen betreten eine neue Welt, für die ihnen die Begriffe fehlen und ihren Autoren – denn sie allesamt sind Ro-

5   Y. Grange, Signification du rôle politique du cheval (XVIIIe et XIXe siècles), in: J. P. Digard (éd.), Des chevaux et des hommes, Avignon 1988, S. 63–82, hier S. 65.

mangestalten – nicht selten die Worte. Lizite Worte, um illizite Sachverhalte zu beschreiben. Erneut kommt beiden, den Frauen und ihren Autoren, die alte Welt der Pferde zu Hilfe. Nicht nur der Herrschaft liefert das Reiten die Metaphorik, sondern auch der verbotenen Liebe, die den Zügel der Ehe abzustreifen im Begriff ist.

In den Romanen des 19. Jahrhunderts, die von Liebe und Ehe, Ehebruch und scheiternden Verbindungen handeln, übernimmt das Pferd verschiedenste Aufgaben. Bald repräsentiert es das ausbrechende und fliehende Verlangen der Frau, bald verkörpert es die animalische Sinnlichkeit des Mannes, und nicht selten nimmt es in seinem Schicksal dasjenige der Menschen voraus, präfiguriert mit seinem Leib und seinen Leiden, was anders sich nicht sagen lässt. So ist der große Gesellschaftsroman von eindringlichen Pferde- und Kutschenszenen durchschossen. Reitend und fahrend bahnt sich an, wonach die Intrige verlangt, fahrend und reitend ereignet sich, was mit schönem Doppelsinn als Verkehr bezeichnet wird. Die Liebe weiß ihre rollenden Verstecke zu finden, das Schicksal den reitenden Boten, der Tod sein fahles Ross.

Wer sich vor Augen ruft, welche Bedeutung das Automobil erst im Roman, dann im Film des 20. Jahrhunderts erhalten sollte, wird die starke Präsenz von Pferden und Kutschen im Erzählwerk des 19. Jahrhunderts als trivial empfinden. Erst wenn man zusieht, *wie* Flaubert, Tolstoi, Fontane und Hardy das Pferd literarisch einsetzen, ändert sich das Bild. Diese Autoren verwenden das Tier als Symbol und Substitut für etwas, was es gleichzeitig zu besprechen und zu beschweigen gilt, Hinweis und Hülle dessen, was in ihren Romanen ungesagt bleibt. In der Welt der Mieder und der Musselins ist das Pferd das einzige Wesen, das den Augenblick der Nacktheit vertritt: «tout nerveusement nu dans sa robe de soie», wie Degas in ei-

14

ner Gedichtzeile von einer Vollblutstute sagt.[6] An den Pferden zeigt sich, wovon die Menschen schweigen müssen, sie sind Ausdrucksmittel für die innere Bewegung der Liebenden, Wegweiser durch die Schicksalslinien des Romans.

Sowohl Flaubert als auch Tolstoi und Fontane unterstreichen den Kontrast zwischen den langweiligen, kalten oder strengen Gatten und den schneidigen, charmanten und frechen Liebhabern ihrer Heldinnen, indem sie diese als perfekte Reiter, jene als Lenker und Benutzer von Kutschen schildern. Wohl darf Bovary sich auch als mediokrer Reiter zeigen, und Fontanes Innstetten sogar als ein guter, dennoch gehören beide der behäbigen Kutschenwelt an, in der unvermeidlich Bovary den unglücklichsten Eindruck macht. Als rollende Architektur, als Holzhaus oder Datscha auf Rädern repräsentiert die Kutsche die etablierte Welt von Ehe und Familie, in die die Kavallerie der freien Liebe bedenkenlos hineinfährt. Der Pfeil der Verführer hat getroffen, als Emma und Effi einwilligen, mit ihnen auszureiten. Effi wird in einem Schlitten verführt, Emma, bei ihrem zweiten Seitensprung, gibt sich in einer Kutsche hin, Tess wird nach einem langen nächtlichen Ritt und von einer Droge betäubt im Schlaf vergewaltigt.

Emma Bovarys erstes erotisches Abenteuer wird von schnaubenden Pferden und knarrendem Sattelleder eröffnet und von einem über die Pflastersteine von Yonville tänzelnden Pferd triumphal beschlossen. Die zweite, fatale Geschichte beginnt in einer stundenlang durch die Stadt Rouen kreisenden Droschke «mit zugezogenen Vorhängen, die in einem fort wieder auftauchte, verschlossener als ein Grab und schaukelnd wie ein Schiff».[7] Unübersehbar belädt der Hinweis auf das

6   Zit. nach K. Robert, Degas, London 1982, S. 40.
7   G. Flaubert, Madame Bovary, übersetzt von E. Edl, München 2012, S. 320.

15

Grab die Kutsche mit der symbolischen Doppelrolle von Liebesversteck und Sarg. In Thomas Hardys Roman *Tess* ist es der Tod eines Pferdes, das auf nächtlicher Straße verblutet, der die gesamte Dramatik des düsteren Romans auslöst. Am Ende wird Tess ihre Schuld dadurch «wieder gutmachen», dass sie Alec, den falschen d'Urberville, den Verderber ihres jungen Lebens, durch einen Stich ins Herz in gleicher Weise zum Verbluten bringt. In *Anna Karenina* ist es die berühmte Rennszene, in der Wronski stürzt und der Stute das Rückgrat bricht, um die herum sich der dramatische Knoten schürzt, der erst 800 Seiten später platzen wird, als ein Waggon der Eisenbahn der Selbstmörderin Anna das Rückgrat bricht.

Wie Traumwandler suchen und finden namentlich Flaubert und Tolstoi die Zone, in der zwei nervöse Fluchttiere, die verliebte Frau und das erregte Pferd, ihre Naturen vertauschen; mit erzählerischen Mitteln erzeugen sie die unerhörte, erregende Fluidität der beiden Spezies. Aber sie sind nicht allein auf diesem Weg; ein anderer ist ihnen vorangegangen: Als sich Werther, Vorläufer aller großen Liebenden und Geliebten des europäischen Romans, dazu bekennt, schon hundertmal habe er ein Messer ergriffen, um seinem gedrängten Herzen Luft zu machen, spielt ihm sein Autor unvermittelt das Bild des Pferdes und der Hitze zu: «Man erzählt von einer edlen Art Pferde, die, wenn sie schrecklich erhitzt und aufgejagt sind, sich selbst aus Instinkt eine Ader aufbeißen, um sich zum Atem zu helfen. So ist mir's oft, ich möchte mir eine Ader öffnen, die mir die ewige Freiheit schaffte.»[8]

Mit anderen Worten, als integraler Bestandteil des Reiterdenkmals hat das Pferd Anteil an der heroischen Selbstbe-

<hr>

8   J. W. v. Goethe, Die Leiden des jungen Werther, Goethes Werke (Hamburger Ausgabe) Bd. VI, Romane und Novellen I, München 1998, S. 70 f.

schreibung des Mannes als Herrscher und Souverän, während der Gesellschaftsroman es zur Metapher der Frau als Ausbrecherin und erotischem Fluchtwesen erhebt. Und da alle diese weiblichen Fluchten scheitern, muss das Pferd auch noch das böse Ende der Geschichte vorwegnehmen. Nach 6000 Jahren gemeinsam mit dem Menschen gemachter und erlittener Geschichte ist es das perfekte Symbol der alten Welt, was immer diese gewesen sein mag; zugleich aber ist es der wirksamste Agent ihrer Auflösung, die absolute Metapher ihrer Sprengung und der Träger der Dynamik, welche die Flucht aus ihr erzeugt.

Woran dachte Nietzsche, als er das schöne, sentimentale Wort von der alten Welt gebrauchte? Hoffte er seinen Adressaten zu erfreuen, indem er einen Ton anschlug, der das Herz seines konservativen und zu nostalgischen Anwandlungen neigenden Basler Freundes erwärmen mochte? Wollte er den Kontrast zur lauten, machtbewussten Welt des Kaiserreichs, zu dessen Nationalisten, Sozialisten und Antisemiten verstärken? Sprach hier der Kritiker der Moderne, auf den sich Julius Langbehn berief? Wir werden es nicht mehr erfahren. Zu weit schon im Maelstrom der Wahnsinnszettel versunken der Verfasser, auf den die totale Sprachlosigkeit lauerte. Noch weniger wird sich der Sinn seiner letzten Gesten, vorausgesetzt, sie hätten stattgefunden, erhellen lassen. Ein Pferd zu umarmen ist noch vieldeutiger als die Erinnerung an einen Hahn, den man dem Arzt zu schulden meint.

Mit der alten Welt der Pferde ging es nach Nietzsches Tod rapide zu Ende, nur die Weltkriege ließen ihre Verbrauchszahlen nochmals jäh nach oben schnellen. Allein auf deutscher Seite zogen 3 Millionen Pferde in den Zweiten Weltkrieg, die meisten im Osten, nur wenige kehrten zurück. Das zweite und definitive Ende des Pferdezeitalters ereignete sich weitere zwanzig Jahre später, in den sechziger Jahren, als der Pferdebestand in Deutschland seinen historischen Tiefstand erreichte. Ein halbes Jahrhundert später erinnern sich die wenigsten einer Zeit, als die historische Arbeitsgemeinschaft der beiden Spezies, Pferde und Menschen, noch vom Band der Notwendigkeit zusammengehalten wurde. Heute gibt es wieder ca. 300 000 Pferde in Deutschland, und etwa so viele Menschen leben davon, den Sport und die Freizeit mit ihnen zu organisieren, sie zu pflegen, zu heilen und die zwei Dutzend Zeitschriften zu redigieren, die sich ihrem Kult und dem Geschäft mit ihnen widmen. Aber das Pferd hilft dem Menschen nicht mehr dabei, Geschichte zu machen, sondern eher dabei, sich davon auszuruhen und abzulenken: Es verschönt die Freizeit und unterstützt die weibliche Pubertät. Unsere Symbiosen mit den Tieren sind kurzlebig und von sentimentalen Bedürfnissen diktiert.

Die Auflösung dessen, was ich an anderer Stelle[9] den «kentaurischen Pakt» genannt habe, um die Enge und die Singularität dieser historischen Verbindung zweier Spezies zu beschreiben, mag für die eine, die menschliche Seite, von Gefühlen der Nostalgie begleitet sein. In der Tat bezeichnet der Abschied von den Pferden eine Etappe, und nicht die geringste, im Auszug der Menschen aus der analogen Welt. Aber diesem menschlichen Verlust an unmittelbarer Erfahrung von Natur und animalischem Leben steht das erleichterte und in wesentlichen Stücken verbesserte Los der Pferde gegenüber: Das Pferd als Freund und Therapeut des Menschen, als Begleiter seiner Freizeit und seiner sportlichen Rekreation genießt ein ungleich leichteres Leben als das Arbeits- und Kriegspferd vergangener Tage. Das sollte bedenken, wer das Verschwinden der Pferde aus der Umwelt des technisier-

9   U. Raulff, Das letzte Jahrhundert der Pferde. Geschichte einer Trennung, München 2015, S. 24 ff.

ten Alltags der Gegenwart beklagt. «Ob Mensch, ob Pferd», schrieb Walter Benjamin einmal, «ist nicht mehr so wichtig, wenn nur die Last vom Rücken genommen ist.»[10]

Die Klagelieder auf den Verlust der Pferde setzen um die Mitte der dreißiger Jahre ein. Wie eine Momentaufnahme des Glücks lässt derselbe Walter Benjamin in einem Text über die Erfahrungsarmut der Weltkriegsgeneration (*Der Erzähler*), der 1936 erschien, das Bild der alten Pferdewelt auftauchen: «Eine Generation, die noch mit der Pferdebahn zur Schule gefahren war, stand unter freiem Himmel in einer Landschaft, in der nichts unverändert geblieben war als die Wolken, und in der Mitte, in einem Kraftfeld zerstörender Ströme und Explosionen, der winzige gebrechliche Menschenkörper.» Im nächsten Satz wird deutlich, welches Maß an Zivilisationskritik sich in dem spannungsvollen Doppelbild von Pferdebahn und Schlachtfeld, in dem die Pferdebahn den Pol des verlorenen Idylls bezeichnet, versammelt hat: «Eine ganz neue Armseligkeit ist mit dieser ungeheuren Entfaltung der Technik über die Menschen gekommen.» Da ist sie wieder, die alte Welt – als Hintergrund einer Generation, der es bestimmt war, die Erfahrung der Armut (oder Armseligkeit) der Technik zu machen.

Schon einmal, ein Jahr zuvor, hatte die in der deutschen Intelligenz tief eingewurzelte Technikskepsis eine Nänie auf das Pferdezeitalter angestimmt. Unter dem Titel *Reiterbuch* erschien 1935 der Erstling eines damals noch unbekannten Autors, Alexander Mitscherlich. Von der politischen Romantik tief geprägt, ein Schüler Ernst Jüngers, wollte sich der junge Mann die aggressive Technikutopie des *Arbeiters* nicht

10 W. Benjamin, Franz Kafka. Zur zehnten Wiederkehr seines Todestages, in: W. Benjamin, Gesammelte Schriften Band II, 2, Frankfurt am Main 1977, S. 438.

zu eigen machen. Stattdessen verklärte Mitscherlich die Gestalt des Reiters und folgte dem Zug seiner wechselnden Erscheinungen durch die Jahrtausende. Über allen Gipfeln lag der Glanz historischer Abendröte und der süße Ton der Elegie: «Es ist nicht mehr das Licht der großen Bühne, das heute auf Roß und Reiter fällt … Ihr Marschrhythmus ist verklungen. Die Spuren der Hufe sind verweht. Klein ist die Domäne des Pferdes geworden. (…) In neuen Spuren geht der Mensch, seit er sich den Takt der Motoren zugesellt.»[11]

Mitscherlichs geschichtliche Schau mündete in eine Kritik der maschinellen und motorisierten Zivilisation. Im Gegensatz zu den «ewigen Werkzeugen» des Menschen wie Schwert und Ross, in denen dieser die natürliche Erweiterung und Steigerung seiner Kräfte, «Eingebung seines *ursprünglichen* Denkens», gefunden hatte, beraubte die Maschine den Menschen seines lebendigen Ausdrucks: «… der Mensch (gibt) den Ausdruck und die Bewegung seiner Gestalt an ihre Neutralität ab, versteckt sich *in* der Apparatur.» In den «Totalprothesen» der Gegenwart hockte ein sich selbst entfremdetes, geschwächtes Wesen: «… je zahlreicher die Prothesen in Dienst genommen werden, desto schwächer wird die Gestalt selbst, der sie dienen.»

Nach 1930 steht die alte Welt der Pferde für ein verlorenes Goldenes Zeitalter lebendiger Erfahrung (Benjamin) oder heroischen Lebens (Mitscherlich). Die Gegenwart wird als eigentümlich 'dünn' und sinnentleert erfahren, als bürokratisierte, verwaltete, neutralisierte Welt. Motive dieser Kritik finden sich bei Kritikern jeder politischen Couleur. Noch heute, achtzig Jahre später, argumentiert die romantische Kulturkritik auf denselben Linien. Man wechselt nicht die

11   A. Mitscherlich, Reiterbuch. Bilder, Gedanken und Gesänge, Berlin 1935, S. 9f.

Themen, man wechselt die Pferde, hat der amerikanische Schriftsteller Max Anderson gesagt. Die Kulturkritik neigt umgekehrt dazu, die Themen zu wechseln, aber dieselben Pferde zu reiten. Noch in unseren Tagen beschreiben Kritiker der gegenwärtigen Zivilisation die alte Welt der Pferde als eine vergangene, bessere, eine «volle» Welt. Wie zu Benjamins Zeiten vertreten die Pferde alles, was als rural, bukolisch und idyllisch gilt. Der Abschied von ihnen wird zu einem Geschichtszeichen für den Verlust der ländlichen Welt. «Ich gehöre zu einem verschwundenen Volk», klagt der Kunsthistoriker, Schriftsteller und *académicien* Jean Clair in einem unlängst erschienenen Text. «Bei meiner Geburt machte es noch an die 60 Prozent der französischen Bevölkerung aus. Heute sind es keine 2 Prozent mehr. Eines Tages wird man anerkennen, dass das wichtigste Ereignis des 20. Jahrhunderts nicht der Aufstieg des Proletariats war, sondern das Verschwinden des Bauerntums.»[12] Dahingegangen sind die Bauern und Erzeuger, und mit den Bauern, manchmal noch vor ihnen, verschwanden die Tiere: «Die Pferde waren die ersten, die gingen, Ende der fünfziger Jahre. Sie waren nutzlos geworden und verschwanden für immer.»[13]

Ähnlich argumentiert der Philosoph Michel Serres: «Um 1900», schreibt er zu Beginn eines Traktats über die digitale Welt, «arbeiteten die meisten Menschen auf unserem Planeten in der Land- und Ernährungswirtschaft; heute machen in Frankreich wie in vergleichbaren Ländern die Bauern gerade noch ein Prozent der Bevölkerung aus. Zweifellos wird man darin einen der tiefsten historischen Brüche seit dem Neolithikum erkennen müssen.»[14] Die Prospekte, die Serres im Folgen-

---

12 J. Clair, Les derniers jours, Paris 2013, S. 135.
13 Ebd. S. 136.
14 M. Serres, Erfindet Euch neu! Eine Liebeserklärung an die vernetzte Welt, Berlin 2013, S. 9.

den entwirft, gehorchen denselben dichotomischen Schemata, in die schon Benjamin das geistige Profil seiner Generation einzeichnete: Im Gegensatz zur Bevölkerung des alten, ländlichen Frankreich leidet die Jugend, deren Wissen von der wirklichen Welt weitgehend durch Smartphones vermittelt ist, unter Erfahrungsarmut.

In diese Perspektive rückt die Kulturkritik auch den Abschied von den Pferden: Er erscheint jetzt als eine Phase im Auszug der Menschen aus der analogen Welt. Zu den verstörendsten Erfahrungen, die die Zeitgenossen des 19. Jahrhunderts machten – Nietzsche hat dafür das Wort vom Tod Gottes gefunden –, gehörte der Verlust einer für sicher geglaubten transzendenten Sphäre: Die Menschen spürten, dass ihnen das Jenseits entglitt. Die Kulturkritik des 21. Jahrhunderts kennt ein ähnliches Unbehagen: Sie sieht, dass wir dabei sind, das Diesseits zu verlieren.

Niemand weiß, wie Jacob Burckhardt auf Nietzsches Wort von der alten Welt geantwortet hätte, wäre er darauf verfallen, dessen Brief jemals zu beantworten. Sicherlich hätte er nicht wie wir von der alten Welt der Pferde gesprochen. Nicht viele Historiker haben sich diesem Teil der alten Welt bisher zugewandt, nur wenige ihn als geschichtswürdig und -fähig wahrgenommen. Zu diesen wenigen gehörte der Mediävist Hermann Heimpel. Als Eröffnungsredner des deutschen Historikertags 1956 machte er eine denkwürdige Bemerkung: «Mit jedem Pferd», so Heimpel, «verschwindet ein Zustand, der unsere Zeit mit der Zeit Karls des Großen noch verbindet.»[15] Dies ist erkennbar die Perspektive des Mediävisten. In der Sichtweise des Frühzeithistorikers und Archäologen könnte man weitergehen und feststellen, dass Pferde so etwas

---

15 H. Heimpel, Geschichte und Geschichtswissenschaft, in: Vierteljahrshefte für Zeitgeschichte, 5. Jg., 1/1957, S. 1–17, hier S. 17.

wie eine Solidarität des Menschen von heute mit seinen Vorfahren im Neolithikum stiften: Stellen uns nicht die nickenden, schnaubenden und mit ihren Hufen klappernden Wesen immer noch den Menschen von Botai und Dereivka an die Seite? Welche Perspektive auch immer man zu diesen Zeiträumen einzunehmen geneigt ist, eines steht fest: Die alte Welt der Pferde ist ein eigener Kontinent der Geschichte, nicht ein versunkener, wohl aber ein vergessener. Es wird Zeit, ihn wiederzuentdecken – und darüber nachzudenken, wie man von ihm erzählen soll.

Bekanntlich besitzt die Geschichte eine Doppelnatur, sie ist Ereignis und sie ist Erzählung. Sie ist aber nicht die große, runde Erzählung, in der die Ereignisse ihren Platz und ihren Sinn finden. Sie ist eine brüchige, provisorische, unebene Erzählung, welche die «Unebenheiten des Wirklichen»[16] (A. Farge) auf sich nimmt. Das menschliche Wesen, hat Michel Foucault gesagt, muss «verwickelt sein in Geschichten, die ihm weder untergeordnet noch homogen sind».[17] Um wie viel mehr gilt dies, wenn die Geschichten, die zu erzählen sind, nicht allein von Menschen handeln, sondern auch noch von anderen Tieren. Aber dieses Erzählen oder richtiger: dieses Erzählenlernen ist kein geringes Geschäft: Es öffnet die Augen für Beziehungen, die wir übersehen, und für Verbindungen, die wir nicht begriffen haben. Es hilft uns, künftig besser hinzusehen und schärfer über das Wirkliche nachzudenken. Denn nur scheinbar beschränkt sich das Geschäft der Geschichte auf die Vergangenheit. In Wahrheit ist sie eine Vorschule der Erkenntnis von künftigen Dingen.

16   Vgl. A. Farge, Der Geschmack des Archivs, Göttingen 2011, S. 68.
17   M. Foucault, zit. Farge, Der Geschmack, S. 73.

JACOB BURCKHARDT-GESPRÄCHE
AUF CASTELEN

21
Michael Stolleis:
Rechtsgeschichte schreiben.
Rekonstruktion, Erzählung, Fiktion?
Basel 2008

22
Tonio Hölscher:
Herrschaft und Lebensalter.
Alexander der Grosse:
Politisches Image und anthropologisches Modell
Basel 2009

23
Peter von Matt:
Der unvergessene Verrat am Mythos.
Über die Wissenschaften in der literarischen Phantasie
Basel 2009

24
Vittorio Hösle:
Die Rangordnung der drei griechischen Tragiker.
Ein Problem aus der Geschichte der Poetik
als Lackmustest ästhetischer Theorien
Basel 2009

25
Otfried Höffe:
Macht Tugend schön?
Über Lebenskunst und Moral
Basel 2011

26
Peter Bieri:
Eine Erzählung schreiben und verstehen
Basel 2012

Das Signet des 1488 gegründeten
Druck- und Verlagshauses Schwabe
reicht zurück in die Anfänge der
Buchdruckerkunst und stammt aus
dem Umkreis von Hans Holbein.
Es ist die Druckermarke der Petri;
sie illustriert die Bibelstelle
Jeremia 23,29: «Ist nicht mein Wort
wie Feuer, spricht der Herr,
und wie ein Hammer, der Felsen
zerschmettert?»